CONSTITUTION
DE GOUVERNEMENT
POUR LA NATION FRANÇAISE.

Par LOUIS LEFEBURE, *Membre du Conseil général de la Commune de Paris, aux années* 1789, 1790, 1791 & 1792,

& Citoyen de la Section du Marais.

Je propose a mes Compatriotes une forme simple de Gouvernement (1).

Ma République est fondée sur l'égalité politique exprimée par cette maxime générale : *nul individu ne pourra se soustraire aux devoirs qu'impose la LOI; nulle autorité ne pourra lui ravir les droits communs qu'elle accorde.*

Quatre loix fondamentales forment la base de cette Constitution.

Ire. Loi.

Le Gouvernement est représentatif.

---

(1) J'ai remis à la Convention Nationale les mêmes bases que j'offre ici, mais accompagnées d'un développement différent & plus étendu à quelques égards.

A

IIme. LOI.

Les deux pouvoirs Législatif & Exécutif, sont séparés en Corps législatif et en Agence exécutive.

IIIme. LOI.

Le Peuple nomme immédiatement au Corps législatif.

IVme. LOI.

Le Peuple nomme médiatement à l'Agence exécutive.

A ces loix constitutives, je joins huit articles fondamentaux constitutifs des deux pouvoirs.

Du Corps Législatif.

ART. Ier. Le Corps législatif se renouvelle de droit par moitié tous les trois ans.

ART. II. Il rédige en projet les Loix qu'il arrête à une majorité graduée.

III. Ces Loix arrêtées n'ont force de Décret, qu'après le terme fixé au véto du Peuple.

IV. Ce Corps législatif juge la comptabilité des Ministres, et instruit leur responsabilité, que jugera définitivement un juré *ad hoc*, dans le cas d'accusation.

De l'Agence Exécutive.

ART. Ier. Cette Agence divisée en sept branches forme les Ministeres,

D'Agriculture, Commerce, Instruction,

Finances , Justice , Armées , Police (2).

Art. II. Chaque Ministre est élu par le Corps législatif, & il nomme tous ses subdélégués.

Art. III. Les Ministres réunis forment le Conseil d'agence pour les opérations générales ou leur concours est reconnu nécessaire.

Art. IV. Ils se nomment un président annuel, tiré des députés sortant d'exercice à la législature. Ce président est chargé des Sceaux, des négociations, du rapport général des comptes ministériels &c. Il ne peut jamais être réélu.

Cinquième Loi fondamentale.

Le territoire de la République est divisé complexement en Districts d'administration relative aux sept Ministères, de manière que la France, considérée sous sept différens rapports, présente des circonscriptions de territoires et des masses de population toujours diversement combinées,

(2) Il faut subdiviser les branches d'administration, 1°. pour établir une comptabilité claire & une responsabilité certaine. 2°. Pour disséminer d'autant plus la masse de force publique, qui, réunie, peut opprimer la liberté. 3°. Pour séparer dans l'Administration toutes les parties hétérogènes, & faites pour être régies par des codes différens.

Il est évident que les fonctions attribuées au ministère de l'intérieur, par leur confusion, leur incohérance, leur étendue vague, en font un attelier de désordres, d'intrigues & de corruption, & par conséquent une cause très-prochaine d'oppression & de despotisme.

au centre desquels résident les subdélégués de chaque Ministre. Cette cinquième Loi fondamentale, comporte un article qui sert de complément à la Constitution, Voici cet article.

Les Citoyens de chaque District nomment un corps assessoral d'où se tire un Tribunal analogue, qui juge les contestations à naître entre le subdélégué du Ministre en chaque District, & le Citoyen qui l'accuse de négligence ou de vexation dans l'exécution de la Loi, sauf l'appel à un Tribunal voisin.

Si ce petit nombre de loix suffisent pour garantir notre liberté, n'en admettons pas plus dans notre Constitution; laissons ensuite les deux pouvoirs Législatif & Exécutif, opérer sur ces grandes bases, & ils achèveront par la confection des règlemens d'administration, ainsi que par celle du code civil & pénal, d'élever l'édifice de notre bonheur (3).

(3) Il faut créer fort peu de loix fondamentales, mais il faut tellement les assortir qu'elles engendrent nécessairement toutes les autres loix propres à perfectionner l'ordre social. De même que dans le systême physique, deux forces nommées *centripète & centrifuge*, produisent tous les mouvemens : dans le systême politique, l'action de tous les pouvoirs doit se composer de deux espèces de forces, qui sont l'intérêt général & l'intérêt particulier. Le grand art consiste à les combiner savamment, afin de maintenir sans cesse en harmonie, ces mêmes pouvoirs.

DÉVELOPEMENT.

Si l'on croit avoir fait une Constitution lorsqu'on a rassemblé beaucoup de loix, même utiles au gouvernement d'un état; on se trompe. Une Constitution n'est autre chose qu'un pacte social très-simple, rédigé en forme authentique, pour servir de titre commun : les articles dont ils se compose, ne doivent que régler les différens pouvoirs que la Nation délègue où retient, & la manière essentielle dont ces pouvoirs seront exercés, afin de maintenir le corps social dans un état permanent de bonheur & de liberté.

Or, il n'existe de propres au gouvernement du corps social, que trois espèces de Pouvoirs.

Celui de choisir, qu'on appelle Pouvoir *électif*.

Celui d'ordonner, qu'on appelle Pouvoir *législatif*.

Celui d'administrer conformément aux loix, qu'on appelle Pouvoir *exécutif* (4).

Le premier peut s'allier aux deux autres, mais ceux-ci doivent être perpétuellement séparés entr'eux; car de leur réunion s'engendre la tyrannie. Quand la volonté nationale est remise conjointement avec la force publique, soit à un homme soit à un corps, cet homme ou ce corps devient le souverain & la Nation rede-

---

(4) Ce qu'on appelle improprement *pouvoir judiciaire*, n'est qu'une dépendance du pouvoir exécutif. C'est la fonction d'appliquer, lorsqu'on la réclame, l'exécution de certaines loix civiles & criminelles.

vient esclave ; elle est donc très-intéressée à ne déléguer ces pouvoirs qu'après avoir prononcé leur séparation.

Eh comment pourroit-on se refuser à les séparer ! Ne sont-ils pas de nature absolument différente ? Celui de faire la loi exige qu'on réfléchisse, qu'on discute, qu'on délibère ; celui d'exécuter la Loi, n'exige que soumission & promptitude ; donc il faut confier l'un à des corps qui délibèrent avec sagesse, & l'autre à des individus qui agissent avec rapidité; donc on ne sauroit, sans contrarier la nature de l'un des deux, les réunir dans les mêmes mains.

Ce n'est pas assez de les avoir séparés & délégués conformément à leur nature, il faut encore trouver dans la Constitution, le moyen sûr d'en prévenir les abus.

On préviendra les abus de la puissance législative par un véto prompt à émettre au nom du Peuple. On préviendra les abus de la puissance exécutive, en soumettant les réclamations contre ses agens, à des Tribunaux désintéressés.

Or, ces deux ressorts si nécessaires au maintien de l'ordre & à la conservation de la liberté, me sont aisément fournis par la création des divers *corps assessoraux* que je propose ; j'invite mes compatriotes à méditer avec soin sur l'usage de ces corps précieux, & je vais sur-tout m'attacher à développer tous les avantages de leur existance.

Qu'est-ce qu'administrer un état? C'est appliquer continuellement les loix préexistantes, qui, relativement à chaque branche d'administration, règlent les droits & les devoirs réciproques des Citoyens, soit entr'eux, soit envers le Gouvernement.

J'ai donné à chaque branche d'administration un chef séparé, parce c'est rentrer dans la nature dn Pouvoir exécutif qui agit plus promptement quand un individu l'exerce.

Je fais élire ce chef par l'Assemblée législative, parce qu'elle appréciera sûrement qu'elles sont les qualités nécessaires au poste vacant; mais je fais coopérer le Peuple à cette nomination, en obligeant l'Assemblée législative à choisir parmi des hommes que les Districts d'administration ont déjà placé dans un Tribunal analogue. Je veux même que le hasard, ou pour dire mieux, cette sagesse inconnue par qui le monde est gouverné, mêlant sa décision au suffrage des hommes, concoure à cette importante élection : En conséquence, je désirerois que l'Assemblée Nationale se divisant par la voye du sort en deux parts, l'une formât la liste d'après laquelle l'autre procéderoit à la nomination du Ministre.

Il ne me suffit pas encore que le choix du ministre soit préparé avec tant de soin, je tire de chaque Tribunal assesroral des juges nécessairement compétens de tout délit ministériel et j'en compose le juré qui jugera le ministre personnellement responsable, dès que le corps législatif l'aura déclaré en état d'accusation.

Je laisse au chef d'administration le choix de ses subdélégués, mais je restreins de même ce choix parmi les corps assessoraux. Si le subdélégué se rend coupable de négligence ou d'excès dans l'exercice de son pouvoir, ainsi que d'erreur dans l'application des loix; c'est devant les Tribunaux élus par les Assesseurs de chaque District, que le citoyen opprimé rendra plainte. Le Tribunal jugera, sauf l'appel à un Tribunal voisin. Il est impossible qu'avec de telles précautions, aucun prévaricateur échappe à la peine qui lui sera dûe.

Voilà donc le ministre & tous ses agens infiniment libres, quand ils ne voudront qu'appliquer la loi; infiniment gênés, dès qu'il voudront tenter de l'enfreindre & inévitablement réprimés s'ils consommoient un délit (5).

---

(5) Dans mon systême, le Peuple entier prend une part directe à la nomination du corps législatif: il prend en outre une part indirecte, & à la censure des loix par le *véto*, qu'il délègue, & à la répression des délits d'administration, par les jugemens que prononcent les Tribunaux de chaque District. Enfin, il ne se fait pas d'élection que le Peuple n'y ait d'avance coopéré, puisqu'aucun choix n'a lieu, que parmi les assesseurs en tout genre, qu'il a nommés.

Ainsi, la Nation qui ne peut en corps exercer aucune autorité, délègue seule la principale, & par ses corps assessoraux, modère l'action de toutes.

Mais autant je me suis attaché fortement à contenir le Pouvoir exécutif dans ses justes bornes, autant je me snis occupé de fixer au Pouvoir législatif ses véritables limites.

La loi doit être l'expression de la volonté générale; elle a donc besoin d'être au moins sanctionnée par l'aveu tacite de la Nation. Or, comme cette loi ne peut qu'être relative à quelque partie d'administration, c'est aux assesseurs de cette partie, que je remets provisoirement l'exercice du *veto* National : je me fonde sur ce que, destinés à prononcer sur l'aplication de la loi, leur sagesse doit en pressentir plus naturellement les effets. D'ailleurs quand on considère que les députés au corps législatif exercent la plus importante partie des pouvoirs dont la souveraineté se compose, on sent vivement la nécessité de placer dans un corps d'élite, respectable par sa nature, mais peu dangereux par sa dispersion, un contre-poids à ce pouvoir formidable. Vainement m'objectera-on qu'il est des loix de circonstances & urgentes qu'il faut créer & exécuter sur le champ. Je soutiens que cela n'arrive jamais dans un état bien constitué. Toute loi nécessaire au salut de l'empire y est prévue; toute loi de moindre importance n'y doit être admise qu'avec les formalités que le maintien de la liberté publique ou particulière à prescrites, & si quelque mesure inopinée pouvoit devenir salutaire, il faut qu'on trouve dans les loix mêmes un principe qui l'autorise.

Il est inutile je crois de chercher a justifier aucune des loix que j'ai proposées. On ne me disputera pas, par exemple, que le gouvernement représentatif ne soit préférable, soit au monarchique, soit au démocratique; le premier si favorable aux despotes; le second si favorable aux anarchistes (6). Mais on niera peut-être qu'il soit avantageux au corps social de vouloir que le Peuple entier élise ses représentans. J'avoue que sans cela je ne regarde point la Nation comme vraiment représentée, & des représentans nommés par d'autres représentans, ne me paroissent plus assez directement investis du Pouvoir représentatif & de la confiance qu'un pareil titre suppose, pour que leur vœu soit présumé celui de la Nation même. Je soutiens

---

(6) La souveraine domination peut se concevoir sous trois formes élémentaires. 1°. Celle d'un *seul* s'appelle *Monarchie*, & son abus *Tyrannie*. 2°. Celle de *plusieurs* s'appelle *Aristocratie*, & son abus *Olygarchie*. 5°. Celle de *tous* s'appelle *Démocratie*, & son abus *Anarchie*.

Tout Gouvernement qui seroit constitué sous une de ces formes simples, tomberoit bien vite dans l'excès qui lui correspond; mais on en retarde la décadence en combinant ces trois formes élémentaires de domination; & du mélange le plus heureux, résulte le gouvernement le plus stable. Il est naturel de confier à chaque genre de domination, l'espèce de pouvoir qui lui est le plus analogue, l'*électif* convient *à tous*, le *législatif* à *plusieurs*, l'*exécutif* à un *seul*. Et la meilleure Constitution sera celle qui s'écartera le moins de ces rapports fondamentaux.

que le Peuple pouvant exercer cette fonction élective, il ne doit pas la déléguer ; & j'ajoute que cette fonction étant la seule partie de souveraineté qu'il se soit réservé, il lui importe infiniment de ne jamais s'en désaisir. D'ailleurs quel but peut avoir son choix, sinon de nommer des hommes éclairés & vertueux. Or, qui mieux que le Peuple entier, dont l'opinion fait l'opinion publique, sera bon juge des lumières & des vertus? Enfin, comme il est de la nature des corps de tendre à la corruption ; c'est au Peuple, témoin constant & incorruptible des travaux de ses législateurs, à ramener dans ce corps par une élection triannale, le genre d'esprit qu'il désirera y conserver. C'est à lui, à lui seul, à lui en entier à fournir comme un extrait de lui-même, & ce seroit ouvrir une porte à tous les abus, que de contraindre le Peuple à se faire représenter, non pour créer les loix, mais seulement pour élire ceux qui seront chargés de les lui offrir.

Je ne m'arrêterai pas long-tems à prouver qu'il faut adopter, en délibérant, le mode que je propose, de majorité graduée pour chaque espèces de loix, car on ne peut disconvenir que toutes les loix ne sont ni de la même nature ni d'une importance égale pour l'état, & que par conséquent, si une majorité absolue suffit pour les unes, il en est d'autres qui ne devroient passer qu'à la majorité des deux tiers ou des trois quarts des suffrages: Au surplus, on peut observer que lorsqu'une assemblée se partage les suffrages par leur opposition se détruisent, & qu'ainsi réellement, une voix qui l'emporte, n'est qu'un suffrage unique en faveur de la loi que l'on délibère. Voudroit-on que les destins de l'état, où même le-bien être d'un Département pûssent dépendre d'une voix ainsi hazardée ? Non sans doute. Il faut donc établir pour les loix capitales ou règlementaires, une diverse majorité de suffrages; car on doit regarder l'opposition d'une grande minorité de votans, comme un véto préservateur de ces loix perfides, dont les funestes conséquences ne sont sensibles qu'à un petit nombre de législateurs expérimentés.

On a vu que je donnois à la République un chef annuel. Ce représentant honoraire, cette espèce de Doge est absolument nécessaire à l'unité du systême administratif. C'est lui qui préside le conseil d'Agence & entretient les relations extérieures. C'est lui qui, chargé d'appurer la comptabilité de chaque Ministre, surveille le trésor national & sert en quelque manière d'économe aux finances de l'état. Les précautions prises pour le nommer, la nature de ses fonctions, le peu de tems que dure son exercice, l'impossibilité où je le mets d'être réélu, tout cela joint à la forme du gouvernement établi, ne laisse à redouter, de ce côté, aucune usurpation dangéreuse à la liberté publique.

On me blâmera peut-être d'abandonner absolument aux Ministres, le choix de tous leurs agens. J'ai mûrement réfléchi sur cette disposition, & il me paroît démontré, qu'elle contribue efficacement à établir l'exacte responsabilité, qu'elle entretient dans tout l'empire un mode uniforme d'exécution, qu'elle n'expose pas les diverses fractions de la République à contrarier par leur choix locaux, le choix qui, au nom de tous les Français, aura déjà porté un homme habile au faite de l'administration. Mais un motif plus puissant m'oblige encore à laisser au chef le choix de ses délégués ; ce seroit vouloir absolument détruire toute moralité chez un Peuple, & nourrir dans les aspirans aux places, un esprit de bassesse & d'hypocrisie, que de les forcer pour y parvenir, de capter la faveur de tout ce qui les entoure. Dans ce genre de lutte avilissante, la vertu cède toujours à l'intrigue. Eh comment un lâche flatteur deviendroit-il un digne Ministre des loix ! Si cet homme a besoin de solliciter les suffrages de la multitude, défendra-t'il sincèrement l'intérêt général que la loi lui ordonne de soutenir, contre l'intérêt particulier qu'il ne sauroit blesser sans se nuire? L'ambitieux, au contraire, ne favorisera-t-il pas toujours l'homme puissant en état de le servir ? N'élèvera-t-il pas sans cesse les soupçons les plus injustes contre ses supérieurs, afin d'augmenter par une pitié feinte, le nombre de ses partisans? On entrevoit suffisamment quels désordres peut entraîner la nomination directe des divers fractions du Peuple, aux places administratives, & je pense qu'il est inutile de réunir à cet égard un plus grand nombre de raisons.

On proposera peut-être de faire participer tous les Départemsns de la République à la nomination des Ministres ; ce seroit, malgré toutes les modifications qu'on y pourroit mettre, une mesure très-impolitique : elle produiroit les rivalités, diviseroit les corps électoraux, serviroit de principe à des factions, accumnleroit sur une tête un crédit toujours effrayant, & présenteroit au Peuple une idole qui finiroit par l'asservir.

Au reste, de manière ou d'autre, le Peuple se désaisissant toujours du droit d'élire immédiatement les Ministres dès qu'il est obligé de s'en fier à un médiateur, pourquoi le corps législatif investi d'une confiance directe dans mon systême, ne lui en serviroit-il pas ? Assurément l'attention que j'ai de faire constamment participer le Peuple aux nominations, en forçant de choisir parmi des sujets directement présentés par lui, prévient plus sûrement que tout autre mode, le funeste effet des cabales & des intrigues qui ne seroient que déplacées si l'on faisoit participer à cette nomination les électeurs de Départemens.

Il me reste à développer l'utilité majeure de ma cinquième loi fondamentale, & de l'article qui l'accompagne.

Ce fut une grande conception que celle par laquelle on divisa la France en Départemens ; l'esprit local de province fût annéanti, l'orgueil des privilèges particuliers fit place à l'orgueil plus noble de pouvoir se dire membre d'un Peuple libre, & le Français connut enfin la douceur d'aimer & de servir une patrie. Mais le sentiment d'union que cette subdivision a maintenue, s'affoibliroit de jour en jour, l'esprit de localité s'introduiroit de nouveau dans chaque Département, comme il le fut dans chaque province, si quelqu'heureuse institution politique ne favorisoit pas par la suite le desir que nous avons aujourd'hui de rester à jamais fraternellement unis.

C'est pour atteindre ce but que je propose une subdivision complexe de toute la France en Districts d'administration. Toutes les villes un peu remarquables deviendront par ce moyen centres d'administration quelconque ; & l'arrondissement de chaque administration sera tellement fixé, que les citoyens appartiendront sous tel rapport administratif, à tel arrondissement, & sous tel autre rapport, à un arrondissement différent. Ces communications toujours diverses, empêcheront les citoyens de se concentrer dans leurs Départemens respectifs & de s'en faire une seconde patrie plus chérie que la première. De tous côtés, hors des limites de ces Départemens, ils retrouveront sous des rapports constamment nouveaux, d'autres frères aussi affectionnés que ceux qui les environnent. Ces liens politiques multipliés presqu'à l'infini, formeront une chaîne heureuse qui réunira les membres de la famille Française, que l'intérêt Départemental concentrique tendroit sans cesse à isoler. Si quelque chose peut ajouter au mérite de pareils effets, c'est, j'ose le dire, la simplicité de la cause qui les produit.

Il est maintenant facile de concevoir l'article joint à ma cinquième loi. En conséquence de cet article, au centre de chaque District d'administration, il sera placé un Tribunal analogue à ce genre d'administration ; c'est-à-dire, de justice, de commerce d'agriculture, &c.,

suivant la dénomination du District dont ce centre sera le chef-lieu. Là, se rassembleront une fois tous les trois ans, les Députés que j'appèle assesseurs, pour nommer ce Tribunal dans leur sein : en outre, plusieurs de ces Députés se réuniront à tour de rôle, quand il s'agira d'exercer le véto du Peuple, que tout invite à leur confier.

CONCLUSION.

François, vous esperez un gouvernement; vos représentans vons le doivent; il est urgent que vous l'obteniez, car vous êtes régis maintenant bien moins par vos anciennes loix que par un reste de bonnes mœurs, par une équité naturelle, par des vertus & des sentimens de fraternité, qui depuis quatre ans vous maintiennent dans la plus admirable union. Il est tems néanmoins de mettre à profit ces dispositions favorables; de réaliser un espoir si souvent trompé, d'offrir enfin à la sanction du Peuple un pacte vraiment social, base éternelle de sa liberté. Plus tard, des ambitieux se concerteroient, & ils dépouilleroient la nation des droits qu'il est de son intérêt de se réserver, & ils n'institueroient d'autres pouvoirs que ceux qu'ils seroient bien sûrs de remplir ou même d'usurper un jour.

Puissent les idées que je publie, en abrégant le travail de la Convention Nationale, contribuer à nous préserver d'un pareil malheur! Et puissent les règlemens qui dériveront de nos loix fondamentales, en ramenant près de nous l'abondance & le bonheur, inspirer à tous les Peuples de l'Univers, le desir de les adopter.

De l'Imp. de MILLET, Rue de la [illegible], n°. 17.

www.ingramcontent.com/pod-product-compliance
Lightning Source LLC
LaVergne TN
LVHW010333230826
846091LV00009B/3846
9782019284596